Wenn die Bäume voll von Früchten hängen, neigen sie die Äste freundlich nieder.

Johann Gottfried Herder
(1744–1803)

ESSBARES von Bäumen & Sträuchern

ausprobiert von
Carola Ruff

BuchVerlag
für die Frau

ISBN 978-3-89798-369-4

3. Auflage 2017

Fotos: fotolia.de (Heike Rau, Titel;
Stefanie Maertz, S. 2),
Carola Ruff (alle übrigen Fotos)
Satz und Typographie: Uta Wolf
Druck: Messedruck Leipzig GmbH
Bindearbeiten:
Müller Buchbinderei GmbH Leipzig
Printed in Germany

www.buchverlag-fuer-die-frau.de

Inhalt

Schätze aus der Natur

Eichelkaffee, Brombeertee oder Birken-Tabak wecken bei einigen ungute Erinnerungen an schlechte Zeiten mit seltsam schmeckenden Ersatz-Lebensmitteln. Doch das ist längst vorbei. Das Essbare, das wir in der Natur finden, wird heute wegen seines ganz eigenen Wertes anerkannt: Hier wurde nichts von Züchtern verändert – schon gar nicht gen-technisch – alle Inhaltsstoffe sind noch vorhanden, und laufend entdecken Wissenschaftler neue Mineralstoffe und Vitamine in den Früchten, die uns Mutter Natur oder der eigene Garten so freigiebig servieren.

Fast alle einheimischen Bäume und Sträucher bieten im Laufe eines Jahres etwas Essbares zum Sammeln: Im Frühjahr und Sommer Keimlinge, zarte Blätter, Knospen und duftende Blüten. Im Herbst bis zum ersten Frost locken aromatische Früchte. Da ist ein Spaziergang in freier Natur, auf dem man ein paar dieser Früchte sammeln kann, doppelt gesund.
Alle hier vorgestellten Bäume und Sträucher sind allgemein bekannt und haben keine giftigen „Doppelgänger". Trotzdem ist für Anfänger ein Bestimmungsbuch hilfreich.
Alle Rezepte sind, wenn nicht anders angegeben, für 4 Personen gedacht

Vogelbeer-Bäumchen am Feldrand

und können mit mehreren der vorgestellten Blätter, Blüten oder Früchte zubereitet werden, schmecken also immer ein bisschen anders. Fällt die „Ernte" nicht so groß aus, können die „wilden Zutaten" mit Küchenkräutern oder anderen Früchten ergänzt werden. Da manche Familienmitglieder oft eher konservative Esser sind, ist es kein Fehler, erst nach dem Essen zu „offenbaren", was da so gut geschmeckt hat!

Viel Freude beim Ausprobieren und guten Appetit!

Essbares von Baum & Strauch

Die Blätter und Nadeln der meisten Bäume oder Sträucher, die bei uns wachsen, sind genießbar. *Eine Ausnahme bildet der Stinkende Wacholder (Juniperus sabina), der schon mit üblem Gestank vor sich warnt. Ungenießbar sind auch die Blätter von Berberitze und Holunder; Eibenblätter sind sogar giftig!*

Doch selbst essbare Blätter und Früchte müssen nicht unbedingt gut schmecken. Neben den nachfolgend ausführlich beschriebenen Pflanzen sind bestimmte Blätter und Triebspitzen im Frühjahr, wenn sie zart und weich sind, empfehlenswert; so z. B.

von Beerensträuchern wie Heidelbeere, Brombeere etc., Obstbäumen, besonders Kirsche, Laubbäumen wie Esche, Ginkgo, Zitterpappel, und von Nadelbäumen wie Douglasie, Föhre, Kiefer, Lärche.

Ahorn-, Espen- und Robinien-Blüten schmecken ebenso wie Aronia-, Holunder-, wilde Heidel-, Brom-, Him-, Johannis- und Stachelbeeren, Felsenbirnen, Kirschpflaumen oder Kornelkirschen. Die sehr sauren Beeren der Mahonie eignen sich nur zum Mischen. Schlehen brauchen vor dem Verzehr erst Frost. Quitten und Zierquitten nur gekocht verarbeiten.

Die Felsenbirne bietet Menschen wie Vögeln leckere Beerenfrüchte.

Berberitze *(Berberis vulgaris)* ist ein bis zu 3 m hoher Strauch, der bevorzugt am Waldrand und in Lichtungen wächst. Wegen seiner Dornen gilt er als Vogelschutzgehölz. Im Volksmund heißt er auch *Sauerdorn.* Damit ist er gut beschrieben, denn die Früchte sind sehr sauer. Die Beeren enthalten Apfel-, Oxal-, Zitronen- und Weinsäure, Karotinoide, Pektin, Zucker und Vitamin C, wirken antibakteriell und helfen bei Beschwerden von Galle und Leber. Neue Forschungen belegen sogar, dass sie Blutzucker und Cholesterinwerte senken können.

Bei einer mageren Ernte, wenn die Vögel schneller waren oder die Bee-

ren nach einem sonnenarmen Sommer besonders sauer sind, mischt man sie am besten mit süßem Obst wie Äpfeln, Bananen oder Birnen. In der Türkei und im Iran gehören getrocknete Berberitzen in fast jedes Gericht. Wer in der Natur keine findet, kann sie im Asia-Shop oder Reformhaus kaufen.

Birken *(Betula pendula* oder *verrucosa)* wachsen bevorzugt in Mischwäldern, aber auch auf Industriebrachen. Der schlanke Baum mit der zarten schwarz-weißen Rinde wird bis zu 30 m hoch. Er ist bei jungen Menschen ein Symbol für erste Liebe und bei den Älteren für eine Frühjahrskur. Schon die alten Germanen kannten die Wirkstoffe des Birkensaftes und bohrten nach der Schneeschmelze die Stämme an. Da der austretende Saft bei Birkenpollen-Allergie desensibilisierend wirken soll, kommt dies wieder in Mode. Damit Blätter und Blüten wachsen können, treibt die Birke am Tag bis zu 70 l Nährstoffe, die sie im vergangenen Jahr in der Wurzel gesammelt hat, in die Krone.

Den nährstoffreichen Saft erhält man wie folgt: Um dem Baum nicht zu schaden, nur die Spitze eines etwa 2 cm dicken Astes anschneiden und in eine Flasche stecken, die am Ast festgebunden wird.

Die Ausbeute beträgt dabei etwa ein Glas pro Tag, genug für eine Kur. Der Saft schmeckt süß, wird aber bald

bitter. Er enhält u.a. Invertzucker, organische Säuren, Salze, Eiweißstoffe und pflanzliche Wuchsstoffe. (Birkenblätter enthalten Flavonoide, Salicylsäureverbindungen, Vitamin C, Gerbstoffe und Saponine.)
Bitte nur eigene Bäume „anzapfen" oder den Besitzer bzw. Förster um Erlaubnis bitten!
Blätter, Saft und Knospen helfen bei Nieren- und Blasenleiden und schmecken zudem gut in Salat, als „Spinat"-Gemüse, Tee, Limonade und Sirup. Allerdings nur im ganz frühen Frühjahr. Danach schmecken sie eher herb. Der Saft versiegt, sobald die ersten Knospen ausschlagen. Dann sollten Sie die Schnittfläche des Astes mit Baumharz verschließen.

Versäumen Sie nicht, das Ohr auf den Stamm zu pressen, da man dabei den Birkensaft rauschen hört. Besonders Kinder lieben dieses „Birken-Telefon".

Eberesche *(Sorbus aucuparia)*

Der bis zu 16 m hohe Baum heißt auch *Vogelbeere*. Er ist anspruchslos, wächst überall, im Gebirge bis zur Baumgrenze, ja sogar bis zum Polarkreis und wird bis zu 100 Jahre alt. Verwandt sind die Mehlbeere *(Sorbus aria agg.)*, die Elsbeere *(Sorbus torminalis)* und der Speierling *(Sorbus domestica)*, der allerdings fast ausgestorben ist. Die Früchte der Sorbus-Familie sind bitter-sauer. Sie müssen vor dem Verzehr durch Frost entbittert werden. Früher hielt

man sie für giftig. Das ist falsch. Man darf sie jedoch nicht roh essen, da sie nicht nur unangenehm bitter schmecken, sondern ihr Verzehr Durchfall und Erbrechen hervorrufen kann. Die einzige bitterfreie Sorte ist die **Mährische Eberesche** *(Sorbus aucuparia var. Moravica)*. Ihre Früchte sind etwas größer und können roh verzehrt werden. Allen gemeinsam ist der hohe Vitamin-C-Gehalt (100 mg auf 100 g). Er ist wesentlich höher als der von Zitronen. Deshalb nennt man sie die Zitrone des Nordens.

Früchte der Mährischen Eberesche

Die Eiche *(Quercus robur* und *petraea)* wurde früher als heilig verehrt. Kein Wunder, die unverwechselbaren, stattlichen Bäume können bis zu 1000 Jahre alt werden.

Dass sie essbare Früchte tragen, ist heute den meisten Menschen nicht mehr bekannt. Man muss den Eicheln nur den bitteren Gerbstoff entziehen, dann schmeckt das daraus gemahlene Mehl leicht nach Mandeln und auf jeden Fall gut. Auch der aus Notzeiten berüchtigte Eichelkaffee schmeckt – richtig zubereitet – gar nicht schlecht und ist vor allem richtig gesund (siehe Rezept S. 123)!

Fichten *(Picea abies)* (hängende Zapfen, spitze Nadeln) und **Tannen** *(Abies alba)* (stehende Zapfen, abgerundete Nadeln), die wir als Weihnachtsbaum schmücken, hängen auch im Wald voll guter Sachen: Triebspitzen (Maispitzen oder Maiwipfel), Zapfen, Knospen und Nadeln enthalten Zucker, ätherische Öle und Vitamin C. Verwechslungen mit der giftigen Eibe *(Taxus baccata)* sind fast unmöglich, der Blick in ein Bestimmungsbuch beseitigt alle Zweifel: Zupft man z. B. von Fichten- oder Tannenzweigen Nadeln ab, bleibt ein kleiner Rest der Nadel am Zweig hängen, bei der Eibe nicht.

Fichten im eigenen Garten

Linden *(Tilia platophyllos* oder *cordata)* kennen Städter nur von klebrigen Flecken auf ihrem Auto, wenn sie im Frühling unter Linden parken. Dabei ist der 15 bis 30 m hohe Baum mit dem berauschenden Blütenduft ein Symbol für Geselligkeit und Rechtsprechung. Früher traf man sich in lauen Nächten unter der Dorflinde, und noch früher wurde unter ihr Recht gesprochen. Heute wissen wir, dass Blätter, Keimlinge, Knospen, Blüten und Früchte Vitamin C und E, Rosmarinsäure und andere gesunde Stoffe enthalten.

***Rosen:* Duftrose** (z. B. *Rose de Resht* oder *centifolia*), **Hunds-** oder **Kartoffelrose** (*Rosa canina* oder *rugosa*) Alle Rosenblüten sind essbar und auch als Heilmittel geeignet. Natürlich nur, wenn sie nicht gespritzt wurden und es sich um stark duftende Sorten handelt. Da die Hagebutten der Hunds- und Kartoffelrose am größten sind, eignen sie sich am besten für kulinarische Zwecke. Rosenblätter und Hagebutten pflückt man am besten an sonnigen, trockenen Tagen.

Heckenrose mit Hagebutten

Vogelkirsche *(Prunus avivum)*, auch „wilde Kirsche" genannt, ist die Mutter all unserer Süß- und Zierkirschen. Sie wächst meist am Waldrand oder an Alleen. Vogelkirschbäume sind etwas schlanker und höher als Süßkirschen, ihre Blüten strahlen noch weißer, die Früchte wachsen in Büscheln statt wie bei der Süßkirsche einzeln oder paarweise. Meist sind sie etwas kleiner, dafür aber aromatischer. Sie enthalten viel Kalium, Betacarotin, Vitamin B und C. Schon 200 g am Tag helfen Gicht und Arthritis vorzubeugen. Eine schmackhaftere Diät kann man sich kaum vorstellen. Vogelkirschen gelten, wie auch die gängigen Süßkirschen, als schnell wirkendes Kopfschmerzmittel. So sollen 10 bis

20 Kirschen so gut wie eine Kopfschmerztablette wirken. Diese alte Volksweisheit wurde erst vor kurzem von amerikanischen Forschern bestätigt. Ein weiterer Vorteil: Vogelkirschen haben im Gegensatz zu Süßkirschen so gut wie nie Maden, was den Wohlgeschmack wesentlich erhöht!

Gewöhnlicher Wacholder *(Juniperus communi)* wächst auf sandigem Boden in der Heide, im Kiefernwald oder am Waldrand. Mancher pflanzt ihn auch in seinem Garten, sehr zum Ärger des Gartennachbarn, der einen Birnbaum besitzt. Die beiden Bäume stecken sich nämlich gegenseitig mit dem Birnengitterrost an, einem

schädlichen Pilz, den man nicht mit Hausmitteln bekämpfen kann.
Wurde Wacholder mit „Chemie" gespritzt, sollte man erst im nächsten Jahr wieder die jungen Triebspitzen „ernten". Die Triebspitzen und die Beeren des bis zu 10 m hohen, säulenförmigen, immergrünen Baumes

enthalten neben anderem auch Fruktose und Glukose.

Bei uns werden die getrockneten Beeren meist zum Würzen von Sauerkraut verwendet oder zur Gin-Herstellung. Das ist schade, denn Beeren und Triebspitzen sind nicht nur gesund, sondern auch vielseitig einsetzbar. Nicht umsonst sagte man früher: „Vor dem Holunder zieh den Hut, vor dem Wacholder geh in die Knie!" In der Schweiz gibt es z. B. Wacholder-Latwerge, einen leckeren, süßen Brotaufstrich aus 100 % Wacholder, überall zu kaufen, bei uns leider nicht einmal im Reformhaus. Deshalb finden Sie im Rezeptteil ein Rezept zum Selbstkochen (S. 63).

Weißdorn *(Crataegus monogyna* und *laevigata).* Im Volksmund heißen die Früchte des bis zu 6 m hohen Strauchs, der am Waldrand in Hecken wächst, Himmelbrot und Mehlfässchen. Nomen est omen: Sie halfen früher nicht nur bei Herzschmerzen, sondern auch gegen Hunger. Heute enthalten die meisten Herzmittel Weißdorn. Seine Qualitäten in der Küche werden erst jetzt wieder entdeckt. Zur Blütezeit besitzen die Blätter die meisten herzstärkenden Wirkstoffe, im Herbst ernten wir die gesunden süßsauren Früchte.

So wird alles küchenfertig

Knospen, Beeren, Blätter, Nadeln und Triebspitzen: waschen, trockenschütteln

Lindenblüten mit Flügelblatt:

Nicht waschen, da dabei auch der geschmackgebende Blütenstaub entfernt wird. Die Blüten sind oft mit unzähligen kleinen schwarzen Käfern übersät, die nur ungern die süße Quelle verlassen. Hilft Wegpusten nicht, Blüten im Freien neben eine knallgelbe Fläche (Pappe, T-Shirt etc.) legen. Die stark gelbe „Blütenfarbe" lockt Käfer & Co von den eher blassgelben Lindenblüten weg.

Linden, junge Früchte: waschen

Eicheln: Nur große, glatte Eicheln sammeln. Aufgeplatzte Früchte oder solche, die sich mit den Fingern zusammendrücken lassen oder Löcher aufweisen, sind von Ungeziefer befallen. Die Früchte trocken und luftig lagern z. B. in einem flachen Korb oder auf Papier.

Um möglichst viele kulinarische Ideen anbieten zu können, werden in den Rezepten Beeren und Früchte nicht immer einzeln aufgeführt, sondern oft pauschal Wildobst genannt. Ähnlich ist es bei Knospen, Blättern und Keimlingen. Sie heißen platzsparend nur Grünzeug! Im übrigen wird immer der küchenfertige Zustand aller frischen Zutaten vorausgesetzt.

Was man auf Vorrat zubereiten sollte

Blütenzucker

2 EL frische Blüten (z. B. von Duftrosen, Linden mit Flügelblatt, Holunder, Weißdorn etc.) • 2 EL Zucker

Alles zusammen pürieren, auf Alufolie verteilen und im Backofen bei 50 °C trocknen. Abgekühlt in der Nussmühle zerkleinern und in einer Dose aufbewahren. Zum Süßen von Tee, zarten Puddings und zum Bestreuen von Kuchen.

1CUP
8OZ
3/4
6

Blätter-Würzsalz

je 1 Handvoll Blätter z. B. von Birke, Linde, Obstbäumen (kein Holunder) oder Weißdorn
je 1 Handvoll Basilikum, Petersilie oder Schnittlauch

Alles klein schneiden, gut mischen, lagenweise dicht mit grobem Meersalz in ein Glas schichten. Die Blätterschichten müssen ganz mit Salz bedeckt sein. Im Kühlschrank aufbewahren.

Tipp: 1-2 EL davon mit 1 l Wasser aufgekocht, ergibt eine schnelle Trinkbrühe oder die Grundlage für eine Suppe.

Maispitzen-Gewürz

Maispitzen (junge Triebspitzen) im Wald oder bei Gartenfichten einfach abbrechen oder abknipsen.

Die Maispitzen erst in der Sonne, dann im Backofen trocknen, zerbröselt in einem Glas aufbewahren. Ein herzhaftes Gewürz für dunkle Braten wie Wild, aber auch zum Aufbrühen eines Erkältungs-Tees.

Eichelmehl

Eicheln waschen, abtrocknen und 5-10 Minuten unter ständigem Rühren in einer Pfanne rösten, bis sie platzen. Nicht anbrennen lassen. Die aufgeplatzten Schalen ablösen, Früchte 2 Tage in kaltem Wasser ziehen lassen, dabei 1 TL Natron auf 2 l Wasser zugeben. Das Wasser solange wechseln, bis es sich nicht mehr verfärbt. Früchte abtrocknen, noch mal kurz rösten und dann im Fleischwolf oder Mixer fein mahlen.

Nicht mehr als 1-2 kg auf Vorrat herstellen. Hält sich im Glas ca. 3 Monate.

Linden-Kapern

Lindenfrüchte (ohne Flügelblatt)
Essig

Früchte waschen, abgetropft randvoll in kleine Gläser (z. B. Mini-Marmeladengläser) füllen, mit kochendem Essig (am besten Lindenblütenessig, S. 50) übergießen. Verschließen, auf den Kopf stellen. Vor Gebrauch eine Woche ziehen lassen.

Tipp: Lindenfrüchte mit den noch geschlossenen Blüten von Gänseblümchen und Löwenzahn mischen.

Lindenblütenöl

250 ml Sonnenblumenöl
1 Handvoll Lindenblüten

Blüten von Käfern befreien (S. 40). Etwas angetrocknet in einem weithalsigen Glas völlig mit Öl bedeckt und verschlossen 1 Monat kühl und dunkel aufbewahren. Dann filtern.

Tipp: Feiner als jedes Teesieb ist die Spitze eines neuen Nylonsöckchens. Das längere Teil ergibt einen guten Überzug für das Nudelholz. Teig, der damit ausgerollt wird, bleibt nicht mehr hängen.

LINDEN BLUTEN
LINDEN-BLUTEN-TEE
LINDEN-KAPERN
BLATTER-SALZ BIRKE, BUCHE LINDE

Rosen- oder Lindenblüten-Essig

250 ml Weißweinessig • 4 Handvoll Rosenblütenblätter oder Lindenblüten • 1 EL Akazienhonig

Essig mit Blättern oder Blüten aufkochen, Honig zugeben. In Flaschen 14 Tage ziehen lassen. Absieben und umfüllen.

Beeren-Essig

300 g Wildobst • 75 g Roh-Rohrzucker • 400 ml Weißweinessig

Alles miteinander aufkochen. Weiterverarbeitung wie oben.

Beeren-Chutney

250 g Zwiebeln • Öl • 150 g Zucker
750 g gemischtes Wildobst
(von Mahonien nur 1 Tasse nehmen)
100 g Lauch
250 g Trockenpflaumen ohne Stein, alles fein gehackt
1 Zimtstange • 3 Sternanis
1 TL Anissamen
5 cm Ingwer, fein gehackt
2 TL Cuminpulver
1 Tasse Blütenessig (ersatzweise Apfelessig)
1 EL Currypulver • Salz
100 g Nüsse nach Wahl, grob gehackt, ohne Fett geröstet

Zwiebeln mit etwas Öl dünsten, Zucker zugeben. Mit wenig Wasser ablöschen, restliche Zutaten außer Nüssen zugeben, etwa 15 Minuten kochen. Zimt und Sternanis entfernen. Nüsse zugeben. Kochendheiß in Gläser füllen, dunkel aufbewahren.

Tipp: Ebereschen- und Schlehenfrüchte schmecken nach dem ersten Frost besser. Damit Vögel nicht zuvorkommen, reife Beeren bis zur Verarbeitung ins Gefrierfach legen.

Tipp: Wer viel reden muss (Sänger, Lehrer, Moderatoren) sollte täglich 5 Vogelbeeren kauen!

Rosenbutter

200 g weiche Butter
4 EL Blütenblätter von Duftrosen, fein gehackt • 1 EL Rosenwasser
süß: *Saft von 1 Orange • Blütenzucker*
pikant: *1 kleine Zwiebel, fein gehackt Pfeffer • Salz*

Butter mit allen Zutaten (süß oder pikant) pürieren, auf Backpapier streichen, aufrollen. Im Kühlschrank fest werden lassen. Zum Servieren aus dem Papier nehmen und auf eine mit Rosenblüten bestreute Platte legen. Schmeckt auf Baguette oder Hefezopf.

Grundrezept für Marmeladen und Gelees

Früchte/Triebspitzen waschen. Blüten nur von Käfern befreien (S. 40). Früchte/Triebspitzen aufkochen, über Nacht ziehen lassen, dann durch ein Sieb streichen. Mit Zucker vermischt 1 Stunde ziehen lassen. Dann 4 Minuten sprudelnd kochen lassen. Gelierprobe machen. Etwas Fruchtmus auf einen kalten Unterteller geben. Wenn es nicht fest wird, noch 1-2 Minuten weiterkochen. Dann in Gläser mit Schraubdeckel (Twist-off) füllen, verschließen. 5 Minuten auf den Kopf stellen. Dies desinfiziert die Deckel und verdrängt restliche Luft. Kühl und trocken lagern.

HIMBEET-
LINDE

Himbeer-Linden-Marmelade

500 g Himbeeren
2 EL Lindenblüten-Honig (S. 58)
1 EL Zitronensäure • 1 Msp. Natron
250 g Gelierzucker 2:1

Himbeeren mit Honig, Zitronensäure und Natron pürieren. Mit Zucker vermischt 1 Stunde ziehen lassen. Weiter wie Grundrezept (S. 54).

Tipp: Die Zitronensäure sorgt für ein besseres Gelieren, Natron für den Erhalt der roten Farbe auch bei weniger Zucker.

Vogelkirschen-Linden-Marmelade

1 kg Vogelkirschen, entsteint
300 ml Lindenblüten-Tee (S. 116)
3 EL Zitronensaft
1 kg Gelierzucker 1:1

Vogelkirschen mit Lindenblüten-Tee aufkochen, Zitronensaft und Gelierzucker zufügen. Weiter wie Grundrezept.

Lindenblüten-Gelee

500 g frische Lindenblüten
3/4 l Apfelsaft
500 g Roh-Rohrzucker
1 Pck Geliermittel, z. B. Gelfix

Lindenblüten mit heißem Apfelsaft übergießen, über Nacht ziehen lassen. Durchs Sieb gießen, Saft aufkochen, Geliermittel mit Zucker verrühren und in die Flüssigkeit rühren, 3 Minuten sprudelnd kochen lassen, in Gläser füllen.

Tipp: Für *Lindenblüten-Honig* die Flüssigkeit weiterkochen lassen, bis sie cremig wird.

Maiwipfel-Gelee

4 große Handvoll hellgrüne Triebspitzen von Fichte etc. • Gelierzucker 1:1 Saft von 2 Zitronen

Triebspitzen (Maiwipfel) mit 4 Liter Wasser aufkochen. Weiter wie Grundrezept. Gut ausdrücken, durch ein Sieb streichen. Flüssigkeit abmessen. Gleiche Menge Gelierzucker mit Zitronensaft etwa 10 Minuten köcheln lassen. Weiter wie Grundrezept (S. 54).

Tipp: Statt mit Gelierzucker mit normalem Zucker aufkochen und so lange köcheln lassen, bis aus der Masse cremiger *Maiwipfel-Honig* wird.

Tipp: Die doppelte Menge Maispitzen mit normalem Zucker ansetzen, die Flüssigkeit so lange einkochen, bis sie sirupartig ist. Im Sommer dann mit Mineralwasser oder trockenem Sekt als *Maiwipfel-Limonade* servieren.

Tipp: 1 TL Maiwipfel-Honig (S. 59) in 1 Tasse heißer Milch, mehrmals täglich in kleinen Schlucken getrunken, hilft bei Husten und Bronchitis.

MAI-WIPFEL
HONIG

Hagebutten-Marmelade (Hägenmark)

3 kg Hagebutten
1-1,5 kg Zucker

Hagebutten mit 1 Liter Wasser weichkochen. Durch ein Sieb streichen. Brei probieren und je nach Süße mit dem Zucker nach Grundrezept kochen.

Tipp: Je später man Hagebutten erntet, desto süßer sind sie. An sonnigen Standorten sind sie süßer als an halbschattigen. Die rote Farbe sagt nichts über die Reife aus, daher vor der Ernte probieren.

Wacholder-Latwerge

500 g frische Wacholderbeeren
Zucker

Gewaschene Wacholderbeeren mit so viel Wasser in einen Kochtopf geben, dass sie knapp bedeckt sind. Aufkochen, dann ohne Deckel etwa 10 Minuten sprudelnd kochen. Abgekühlt gut ausdrücken und durch ein feines Sieb streichen. Flüssigkeit abmessen. Mit der gleichen Menge Zucker zu einer sirupartigen Masse einkochen. Heiß in kleine Twist-off-Gläser füllen. Schmeckt gut auf Butterbrot und würzt Bratensaucen.

Frühlings-Obatzter

pro Person / klassisch:

100 g Camembert • 1 EL Butter je 1 EL saure Sahne und Lindenknospen • Paprikapulver, mild und scharf Salz • Kümmel • 1 EL Bier

Käserinde abschneiden, Käse mit einer Gabel zerdrücken. Mit restlichen Zutaten mischen, gut würzen und vor dem Servieren mindestens 1 Stunde ziehen lassen. (Übrige Varianten ebenso zubereiten.)

pro Person / mediterran:

je 50 g Feta-Käse aus Kuh- und Schafsmilch • 1 Knoblauchzehe je 1 EL Olivenöl und Lindenknospen 50 ml Ajvar, scharf • je 1 Stängel Basilikum und glatte Petersilie

pro Person / herzhaft:

je 50 g Camembert, Limburger und Romadur • je 1 EL Frischkäse und Lindenknospen • Paprika • Kümmel

Alle Varianten schmecken gut zu Laugenbrezel oder Bauernbrot, Radieschen, Zwiebelringen und einem Bier.

Blätter-Tapenade

je 1 kleine Handvoll Grünzeug, glatte Petersilie, frischer Thymian und Oregano, gewaschen und gut abgetropft
2 Knoblauchzehen
Saft und abgeriebene Schale von 1 Bio-Zitrone • 500 g schwarze oder grüne Oliven, entsteint
150 g Kapern (oder Lindenkapern)
350 ml Olivenöl • schwarzer Pfeffer

Alle Zutaten mit ca. 3/4 des Öls mit dem Pürierstab zu einer glatten Masse pürieren. In Gläser füllen, bis 1 cm unter dem Rand, dies dann mit dem restlichen Öl auffüllen. Gläser verschließen und im Kühlschrank aufbewahren. Hält sich 3 Monate. Diese

Tapenade schmeckt gut auf geröstetem Weißbrot als Vorspeise oder auf Landbrot beim Brunch oder Abendessen (zu einem Glas Rotwein).

Cashew-Blätter-Pesto

je 100 g Cashewkerne und ital. Hartkäse • je 1 Handvoll Basilikumblätter und gemischtes Grünzeug
Saft und abgeriebene Schale von 1 Bio-Zitrone • etwa 175 ml Olivenöl
Pfeffer • Salz

Alle Zutaten pürieren, mit Pfeffer und Salz würzen, bis zum Rand in kleine Marmeladengläser füllen. Zu Spaghetti oder Reis servieren.

Lindenblüten-Dip

je 1 Handvoll Lindenblüten-Knospen und -Blüten, frisch aufgeblüht
200 g saure Sahne • je 1 TL Olivenöl und Zitronensaft • Meersalz

Alles bis auf ein paar Blüten zur Deko mit dem Pürierstab pürieren. Nach Geschmack salzen und mit Blüten bestreut servieren. Schmeckt gut zu Quiches, Grissini-Stangen oder auch als Brotbelag.

Feurige Vogelkirschsauce

200 g Vogelkirschen
1 Tasse Rotwein • 1 EL Butter
1 Zwiebel, gewürfelt • je 1 TL Mehl
und grüner Pfeffer • Zucker
100 g Schlagsahne • Salz

Entsteinte Vogelkirschen im Wein erhitzen. Zwiebel in Butter dünsten, mit Mehl bestäubt anrösten. Mit Sahne ablöschen, Kirschen und Pfeffer unterziehen, würzen.

Tipp: Alle Saucen schmecken zu Geflügel, Fisch, Fleisch, Wild sowie zu Nudeln, Klößen und Bratkartoffeln.

Weißdorn-Holunder-Sauce

je 125 g Weißdornfrüchte, Apfelstückchen und Holunderbeeren
¼ TL Lebkuchengewürz

Weißdorn- und Holunderbeeren mit ganz wenig Wasser aufkochen, dann Apfelstückchen und Gewürz zugeben und solange köcheln, bis alles weich ist. Durch ein Sieb streichen. Entweder mit Zucker abschmecken und zu Pudding reichen oder herzhaft würzen und zu Braten reichen.

Grüne Sauce

⅛ l Gemüsebrühe
je 1 Handvoll Keimlinge, zarte Blätter, Spinat und Küchenkräuter, gewaschen
je 1 EL Mehl und Butter
Kräutersalz • 100 g Schlagsahne

Grünzeug mit der Hälfte der Brühe pürieren. Mehl in Butter anrösten, mit restlicher Brühe ablöschen, aufkochen, Kräuterpüree zugeben. Die fast steife Sahne in die nicht mehr kochende Sauce geben, würzen. Mit Nudeln gemischt servieren.

Rosenblüten-Salat

4 kleine Salatherzen • Blüten von 4 voll aufgeblühten Duftrosen
je 2 EL Öl und Zitronensaft
1 EL Honig • 1 Prise Salz
je 1 EL kleine Minze-Blätter und Mandelblättchen

Salatherzen waschen und gut abgetropft zerteilen, mit den Rosenblüten mischen. Aus Öl, Zitronensaft, Honig und Salz eine Salatsauce mischen. Über Salat und Blätter gießen, mit Minze und Mandelblättchen bestreut servieren.

Blätter-Salat

3 Handvoll junge Blätter
(Birke, Kirsche oder Linde)
1 Handvoll Keimlinge oder
Blütenknospen (z. B. Linde)

Sauce:

100 g zerbröckelter Fetakäse
2 EL Rapsöl • 1 TL Balsamico oder
Zitronen- oder Orangensaft • Pfeffer
Salz • 1 Prise Blütenzucker (S. 42)

Küchenfertige Blätter, Keimlinge und Knospen mischen. Aus den Saucenzutaten ein sämiges, nicht zu saures Dressing zubereiten und mit dem Grünzeug vermischen.

Berberitzen-Karotten

750 g Karotten, in feinen Scheiben
2 EL Butter • 1 TL Zucker
je 2 Handvoll Berberitzen und Rosinen • 2 cm Ingwer, fein gehackt
Salz • 1 EL gehackte Petersilie

Karotten in Butter dünsten, mit Zucker bestäuben. Rosinen, Berberitzen und Ingwer zugeben. Mit 2 EL Wasser ablöschen. Im geschlossenen Topf garen. Mit einer Prise Salz abschmecken und mit Petersilie bestreut servieren. Schmeckt pur oder als Beilage zu Kurzgebratenem.

Libanesischer Petersiliensalat (Taboulé)

200 g Bulgur
300 ml heiße Gemüsebrühe
1 Bund glatte Petersilie
je 1 Handvoll Lindenknospen, Blätter nach Geschmack und Cocktailtomaten
1 Stängel frischer Koriander
4 Minzeblätter
3 Stängel Zwiebelgrün
½ Paprikaschote, orange
½ grüne Gurke, ohne Kerne
Zitronensaft nach Geschmack
4 EL Olivenöl
Meersalz • Pfeffer
Cumin (Kreuzkümmel), gemahlen

Bulgur in einem Sieb mit kaltem Wasser abbrausen. In einer Schüssel mit 1/4 l Brühe übergießen, quellen lassen. Gemüse, Blätter und Kräuter fein schneiden und mit Knospen, Zitronensaft und Öl unter den Bulgur mischen, kräftig würzen. Ziehen lassen. Vor dem Servieren restliche heiße Brühe unterziehen und warm servieren. Dazu schmeckt frisches Fladenbrot.

Grüner Spargelsalat mit Erdbeeren und Lindenblüten

je 250 g grüner Spargel (in dünnen Scheiben), klein geschnittene Rauke Löwenzahnblätter und Erdbeerviertel
1 Handvoll Lindenblüten, gerade erblüht • 1 EL Zucker • Meersalz

Sauce:

2 TL Honig • 6 EL Öl
3 EL Balsamico • Salz • Pfeffer

Saucenzutaten mischen, Zucker in einer Pfanne zerlaufen lassen, Spargel darin karamellisieren, mit einer Tasse Wasser ablöschen, 4 Minuten garen, würzen. Mit Erdbeeren, Salat, Blüten und Sauce gemischt sofort servieren. Evtl. mit Feta-Würfeln bestreuen.

Sächsische Hagenbuttensuppe

300 g Hagebutten • je 3 EL Butter, Mehl und Zucker • 2 Brötchen, gewürfelt • 1 EL Butter

Hagebutten mit 1 l Wasser 30 Minuten kochen, durch ein Sieb streichen Kochwasser aufheben. In einem Top Mehl in der zerlassenen Butter bräunen, mit etwas Wasser ablöschen Hagebuttenmus zugeben, aufkochen Kochwasser zufügen, würzen. Brötchenwürfel in Butter rösten, Suppe damit bestreuen.

Süße Variante: 1 Handvoll Kornelkirschen oder anderes süßes Wildobst mitkochen.

Helle Eichel-Suppe

1 kleine Zwiebel, 1 Bund Suppengrün, beides fein gehackt • 2 EL Butter
je 50 g Vollkorn- und Eichelmehl
1 l Gemüsebrühe
1 Zweig Liebstöckel
½ Bund glatte Petersilie oder Birkenblätter • Pfeffer • Salz
1 EL Crème fraîche

Zwiebel und Suppengrün in Butter dünsten, mit Mehl und Eichelmehl bestäuben, dann mit der Brühe ablöschen. Aufkochen, Kräuter zugeben, dann pürieren und bei kleiner Hitze garen. Würzen und mit Crème fraîche abschmecken.

Pikante & süße Hauptgerichte

Lindenblüten-Quiche

Teig:

200 g Mehl • 100 g Butter
1 TL Salz • 40 ml eiskaltes Wasser

Füllung:

je 2 Handvoll Lindenblüten-Knospen und Lindenblüten
100 g Mais oder Erbsen
100 g gekochter Schinken, gewürfelt
200 ml Sahne • 3 Eier • Pfeffer • Salz

Belag:

150 g Käse, gerieben
1 Handvoll Lindenblüten

Teigzutaten zügig verkneten, Tarteform damit auslegen. Kalt stellen. Knospen und Blüten vorbereiten (S. 40), mit Gemüse und Schinken mischen, auf den Teig streichen. Sahne mit Eiern und Gewürzen verquirlen, darüber gießen. Mit Käse bestreut im vorgeheizten Backofen bei 180 °C 30 Minuten backen. In die noch warme Oberfläche Lindenblüten stecken. Lauwarm servieren. Dazu schmeckt ein säuerlicher Dip wie der Lindenblüten-Dip (S. 70).

Eichel-Bratlinge

1 Zwiebel, 1 Bund Basilikum, beides fein gehackt • 1 EL Öl je 125 g Champignons, Pellkartoffeln vom Vortrag, Vollkorn- und Eichelmehl 4 Eier • Öl • Pfeffer • Salz

Zwiebel und Champignonscheiben in Öl anbraten. Kartoffeln zerdrücken und mit Eiern, Vollkorn- und Eichelmehl verkneten. Zwiebel und Pilze zugeben, kräftig würzen und zu 1 cm dicken Buletten formen, in Öl von beiden Seiten anbraten. Schmecken mit Sauerkraut, aber auch zu Möhren- oder Fenchelgemüse.

Blätter-Pizza

2 EL Öl • 1 Zwiebel, gewürfelt
250 g gemischte Blätter, fein gehackt
150 g Schafskäse • Salz • Pfeffer
2 EL Lindenblütenknospen
250 g Pizzateig (Kühlregal) • Olivenöl

Öl erhitzen, Zwiebel und Blätter andünsten, zerbröckelten Käse zugeben, gut mischen, würzen. Ofen auf 200°C vorheizen. Pizzateig rund ausrollen, auf Backpapier legen, Teig mit Öl beträufelt nach Packungsangabe backen. 5 Minuten vor Ende der Backzeit Käse-Blätter-Mix auf dem Teig verteilen. Kurz vor dem Servieren Knospen in den zerlaufenen Käse drücken und noch 1 Minute im Ofen stehen lassen.

Nudeln mit grünem Spargel und Lindenblütenknospen

je 500 g Nudeln und grüner Spargel
1–2 Handvoll Lindenblüten (Knospen oder gerade erblüht)
2 EL Öl • Pfeffer • Salz
100 g italienischer Hartkäse

Nudeln nach Packungsangabe kochen. Spargel putzen, in schräge Scheiben schneiden, im Öl unter Rühren etwa 4 Minuten braten, Knospen zugeben, mit 1 EL Nudelwasser ablöschen. Die gut abgetropften Nudeln mit dem Spargel-Lindenblüten-Mix und dem geriebenen Käse gut mischen. Sofort servieren.

Klarapfel-Beeren-Clafoutis

2 Kläräpfel • 1 Tasse Vogelkirschen, entsteint • 3 Eier • je 2 EL Milch, gemahlene Mandeln und Mandelblättchen • 100 g Mehl • 1 EL Butter

Auflaufform fetten, mit gemahlenen Mandeln bestreuen. Äpfel schälen, entkernen und würfeln, mit Mandelblättchen und Vogelkirschen gemischt in die Form füllen. Eier, Milch und Mehl zu einem dickflüssigen Teig verquirlen. Über das Obst gießen, bei 180 °C backen, bis die Oberfläche goldbraun ist, lauwarm servieren.

Tipp: Schmeckt auch mit Felsenbirne oder anderen Beeren.

Rhabarber-Erdbeer-Rosen-Gratin

je 250 g Rhabarber und Erdbeeren, beides geputzt und klein geschnitten, 250 g Quark • je 2 EL Butter, Zucker und Rosenwasser • 1 Ei
1 Pck Vanillepuddingpulver

Streusel:

je 3 EL Mandelblättchen, Haferflocken, Grieß, Zucker, Mehl, Butter und Rosenwasser

Rhabarber in 1 EL Butter dünsten, mit Quark, Erdbeeren und restlichen Zutaten gut mischen. In eine Auflaufform füllen. Streuselzutaten verkneten, über dem Quark-Obst verkrümeln, leicht andrücken. Bei 180 °C

etwa 15 Minuten backen bzw. bis die Streusel goldgelb sind.

Tipp: Rosenwasser gibt es z. B. in der Apotheke!

Beeren-Michel

100 g Zwieback, zerbröselt
150 ml lauwarme Milch
Zucker nach Geschmack
500 g Quark • 2 EL Zitronensaft
75 g Grieß • 1 Pck Backpulver
1 Prise Zimt • 3 Eier
500 g gemischtes Wildobst
100 g Mandelblättchen

Zwieback in Milch einweichen. Eier trennen. Eigelb mit Zucker, Zitronensaft und Quark verrühren. Grieß, Backpulver und Zimt mischen und zugeben, zuletzt das steif geschlagene Eiweiß. Hälfte der Masse in eine gefettete flache Auflaufform füllen, Beeren darüber verteilen, Rest Masse darauf geben. Mit Mandelblättchen bestreut im vorgeheizten Backofen (160 °C), etwa 40 Minuten backen. Lauwarm mit Vanillesauce servieren.

Tipp: Der Auflauf schmeckt auch ohne Quark, dann Obstmenge verdoppeln.

Erdbeer-Rosen-Eis

200 ml Schlagsahne
250 g Erdbeeren, geputzt
Zucker nach Geschmack
4 TL Rosenwasser

Erdbeeren mit Rosenwasser und Zucker pürieren. Sahne steif schlagen. Erdbeerpüree vorsichtig mit der Sahne mischen. In einer flachen Schale ins Tiefkühlfach stellen. Jede Stunde mit einer Gabel gut verrühren, damit sich keine scharfen Eiskristalle bilden. Eine halbe Stunde vor dem Servieren aus dem Tiefkühlfach nehmen.

Göttinnen-Speise

500 g Vogelkirschen, entsteint, frisch oder eingekocht • 1 Pck. Götterspeise Kirschgeschmack • Zucker nach Geschmack bzw. Süße der Kirschen 200 g Frischkäse • 125 g Mandeln, gehackt

Kirschen in eine flache Schale legen, Götterspeise nach Anweisung zubereiten, doch nur 300 ml Wasser oder bei eingekochten Kirschen 300 ml Saft aus dem Glas nehmen. Frischkäse und Mandeln unterrühren. Über die Kirschen gießen. Kalt stellen.

Tipp: Schmeckt gewürfelt und mit wenig Zucker auch als Beilage zu Wild.

Fruchtiges Tiramisu

250 g Rhabarber, geputzt
1 EL Zucker • je 150 g Löffelbiskuits und Mascarpone
je 1 Handvoll Lindenknospen und kleine Erdbeeren, halbiert
je 100 ml Sahne und Eierlikör

Rhabarber klein schneiden, mit Zucker und 3 EL Wasser 7 Minuten dünsten. Schale mit Biskuits auslegen, Lücken mit halbierten Erdbeeren und Lindenknospen füllen. Mit Eierlikör beträufeln. Rhabarber darüber gießen. Restlichen Eierlikör mit Mascarpone und Sahne cremig schlagen, über den Rhabarber streichen. Etwa 5 Stunden kalt stellen.

Eichel-Cookies

250 g Butter • 250 g Zucker
2 Eier • 200 g Mehl • 75 g Eichelmehl
100 g Haferflocken • 50 g Müsli
je 1 TL Natron und Salz
Mandelblättchen oder Glasur aus
1 steif geschlagenem Eiweiß und
1 TL Zucker

Butter, Zucker und Eier verrühren. Mehl, Eichelmehl, Haferflocken und Müsli mit Salz und Natron mischen. Mehlmix in die Buttercreme rühren. Teig teilen. Einem Teil ½ TL Zimt zufügen. Alle Teile ausrollen, Figuren ausstechen. Mit Mandelblättchen belegen oder mit Glasur bestreichen. 10 bis 12 Minuten bei 165 °C backen.

Spitzbuben

250 g Butter • 125 g Puderzucker
1 Ei, getrennt • 250 g Mehl
200 g Hagebutten-Marmelade

Butter mit Puderzucker und Eigelb verrühren, Eiweiß leicht schlagen und zugeben. Mehl unterrühren. Kalt stellen. Den Teig auf einer Silikonbackmatte dünn ausrollen. Mit einem Glas Plätzchen ausstechen. Aus einer Hälfte der Plätzchen mit einem kleineren Glas die Mitte ausstechen. Die ganzen Plätzchen auf das Blech legen. Mit Hagebutten-Marmelade bestreichen, mit den Loch-Plätzchen belegen. 6-8 Minuten bei 200 °C backen. Mit Puderzucker bestäuben.

Aprikosen-Lindenblüten-Kuchen

Teig:

100 g Butter • 75 g Zucker
2 Eier • 100 g Mehl
1 TL Backpulver
1 Handvoll Lindenblütenknospen
100 g Sauerrahm

Belag 1:

250 ml Milch
½ Pck. Vanille-Puddingpulver
je 1 EL Zucker und gehackte Mandeln
1 Handvoll Lindenblütenknospen

Belag 2:

250 g Aprikosen, halbiert
1 EL Lindenblüten

Aus den Zutaten für *Belag 1* einen Pudding zubereiten. Kalt stellen. Aus den Teigzutaten einen Rührteig zubereiten. In eine gefettete Springform (24 cm Ø) geben. Auf den Teig den Pudding streichen, in den Pudding die Aprikosen drücken und im vorgeheizten Backofen bei 180 °C etwa 30 Minuten backen. Zwischen die Aprikosen die Lindenblüten stecken. Abgekühlt mit Schlagsahne servieren.

Weißdorn-Quitten-Konfekt

100 g Weißdornfrüchte
1 Zimtstange • 150 g Quitten
5 Gewürznelken • Zucker

Weißdornfrüchte mit Zimt und wenig Wasser kochen. Zerkleinerte Quitten mit Gewürznelken und ebenfalls wenig Wasser weich kochen. Gewürze entfernen. Alles durch ein Sieb streichen, mischen und so viel Zucker zugeben, dass es angenehm süß ist. Zu einem steifen Brei kochen. 1 cm dick auf Backpapier streichen. Einige Tage in der Sonne oder 4-5 Stunden bei 100 °C und leicht offener Tür im Backofen trocknen lassen. Klein geschnitten in einer Dose aufbewahren.

Erfrischend und mit „Geist“: Limonade, Likör, Wein

Rosenlimonade

4 Rosenblüten, frisch erblüht
3 Lavendelstiele • 1 Handvoll Zitronenmelisse-Blätter
1 l Apfelsaft, naturtrüb
1 TL Zitronensaft

Alles mischen und in einem Glas über Nacht kaltstellen. Dann Lavendel, Melisse und Rosenblüten entfernen. Im Verhältnis 2:1 mit Mineralwasser, Sekt oder Prosecco auffüllen. Mit Rosenblüten dekorieren.

Lindenblüten-Bowle

125 g Zucker
2 Handvoll frische Lindenblüten
Saft von 2 Zitronen
8 reife Aprikosen, entsteint in feinen Scheiben
2 EL Minze, fein gehackt
1 Fl. trockener Sekt

1 l Wasser mit Zucker und Blüten aufkochen, 10 Minuten ziehen lassen, absieben. Abgekühlt restliche Zutaten, Sekt und Eiswürfel zugeben.

Birken-Cocktail

Pro Person: *je 50 ml Birkensaft und Wodka • 1 TL Zitronensaft*

Alle Zutaten mischen und auf Eiswürfeln oder Crushed Eis servieren.

Herz-Likör

200 g Weißdornfrüchte
100 g Kandis
0,7 l Doppelkorn (38 Vol.-%)

Alles in eine Flasche füllen und ein halbes Jahr bei Raumtemperatur ziehen lassen.

Rosen-Likör

200 g frisch gepflückte Duftrosenblütenblätter • 150 g Zucker 0,7 l Doppelkorn (38 Vol.-%)

Von den Rosen die bitteren Stielansätze abschneiden. Blütenblätter in einer Schüssel mit 1/8 l kochendem Wasser überbrühen, Schüssel abdecken und über Nacht ziehen lassen. Am nächsten Tag mit dem Zucker erhitzen, aber nicht kochen. Erkaltet filtern, mit dem Korn mischen und in Flaschen füllen. Vier Wochen kühl ruhen lassen. Soll aphrodisierend wirken!

Wacholder-Likör

je 125 g zerquetschte Wacholder-beeren und Triebspitzen
250 g Waldhonig • 0,7 l Gin

Alles in eine große Flasche füllen und einen Monat in die Sonne stellen. Absieben, in kleine Flaschen füllen. Kalt stellen und kalt servieren. Schmeckt nicht nur, sondern hilft auch bei Verdauungsbeschwerden.

Tipp: Die kugeligen Früchte reifen 2–3 Jahre, so dass man an einem Strauch unreife (hellgrüne) und reife (dunkelblaue) Beeren findet.

Vogelkirsch-Wein

1 kg Vogelkirschen • 1,5 l Rotwein
je 1 Zimt- und Vanillestange
300 g Roh-Rohrzucker
300 ml Wodka

Kirschen mit einer Nadel mehrfach einstechen. Mit Gewürzen und Wein in weithalsige Flaschen füllen, gut verschlossen 2 Monate warm und dunkel lagern. Durch ein Sieb streichen. Fruchtfleisch und Wein mit Zucker und Wodka vermischt eine Woche stehen lassen, filtern. In Flaschen abgefüllt bis zum Herbst nachreifen lassen.

Für die Gesundheit

Grundrezept für Tee-Aufguss

Blätter und/oder Früchte mit kochendem Wasser übergießen, ziehen lassen, absieben.

Weißdorn-Tee

2 TL frische oder 1 TL getrocknete Weißdorn-Blätter oder Blüten
1/4 l heißes Wasser • Honig;
20 Minuten Ziehzeit

Morgens 1 Tasse mit Honig gesüßt; gibt Energie für den ganzen Tag.

WEISS DORN
TEE
BLÜTEN & BLÄTTER

Lindenblüten-Tee

2 TL frische oder 1 TL getrocknete Lindenblüten • 1 l Wasser; 5 Minuten Ziehzeit

Möglichst heiß trinken. Hilft bei Erkältung, Husten, Magen- und Bauchschmerzen, Blasen- und Nierenleiden.

Wacholder-Tee

1 TL zerdrückte Wacholderbeeren ¼ l Wasser; 10 Minuten Ziehzeit (zugedeckt)

Bei Rheuma und Verdauungsbeschwerden 3 mal täglich 1 Tasse.

Birkenblätter-Tee für eine Frühjahrskur

pro Tasse:
1 EL junge Birkenblätter und/oder -Knospen • 200 ml Wasser; 15 Minuten Ziehzeit

Vor dem Trinken 1 Msp Natron zugeben.

3 bis 4 Tassen pro Tag zwischen den Mahlzeiten trinken. Wirkt blutreinigend, entsäuernd und harntreibend. Natron verstärkt die Inhaltsstoffe der Birkenblätter.

Wacholder-Sirup

250 g Wacholderbeeren, zerdrückt
50 g heller Honig

Wacholderbeeren mit 1 l kochendem Wasser übergießen. Zugedeckt 24 Stunden ziehen lassen. Aufkochen, abseihen, abgekühlt Honig unterrühren, in Flaschen füllen.

Vorbeugend gegen Erkältungen im Herbst nehmen Kinder täglich 2 TL und Erwachsene 4 TL.

WACHOLDER
-SIRUP-
WACHOLDER
-OEL-

Vogelbeer-Lösung

1 Handvoll frische oder getrocknete Vogelbeeren mit 500 ml Wasser aufkochen.
Eine gute Gurgellösung bei Heiserkeit und Erkältungen.

Birken-Krafttrunk

je 1 Tasse Birkensaft (S. 17) und Bier • 1 Ei

Alles verquirlen. Hilft gegen Erkältung und Frühjahrsmüdigkeit. In Schweden heißt der Trunk „Löwenmark in den Beinen".

Weißdorn-Essenz

4 Handvoll frisch gepflückte
Weißdorn-Blätter und -Beeren
Korn (32 Vol.-%)

Blätter und Beeren in ein großes Glas geben, so viel Korn darüber gießen, dass alles bedeckt ist. 2-3 Wochen lang an einem warmen Ort ziehen lassen, ab und zu umrühren. Abseihen und in kleine Flaschen umfüllen. Einmal täglich 10 Tropfen auf einem Stück Zucker oder in einem Glas lauwarmen Wasser fördert die Durchblutung und das Allgemeinbefinden.

Weißdorn-Wein mit Rosmarin

4 EL Rosmarinblätter
1 Flasche leichter, trockener Weiß-wein • 1 EL Weißdornblätter oder 2 EL -früchte

Rosmarinblätter mit dem Weißwein 1 Woche ansetzen, dann die Weißdornblätter (oder Früchte) zugeben und nochmals 1 Woche ziehen lassen. Danach abseihen. Jeden Tag nach dem Frühstück 1 Likörglas voll davon trinken hilft bei Herzschwäche und Altersherz.

Eichelkaffee bzw. -Tee

Von dem nach Grundrezept hergestellten Eichelmehl (S. 46) nach Geschmack 1-3 TL Pulver mit kochendem Wasser aufbrühen, 10 Minuten ziehen lassen, abseihen. Evtl. mit Zucker oder Zimt süßen und mit Milch oder Sahne servieren.

Tipp: Als Kaffee entspricht er nicht modernen Ansprüchen, aber als „Tee" ist er eine Bereicherung, der heilsam auf gereizte Verdauungsorgane wirkt und den Blutzucker senkt. Eichelkaffee gibt es auch zu kaufen.

Rezeptverzeichnis

Aus dem lieferbaren Mini-Angebot

(Auswahl)

Natur & Gesundes

Aloe vera • Alte Gemüsesorten • Amaranth & andere Vitalkörner • Apfelbüchlein • Aronia Backen einmal anders • Bauernweisheiten durchs Jahr • Blüten für Genießer Brennnessel • Essen von der Wiese Essbares von Bäumen & Sträuchern Gesundes Kraut • Heilkräuterbüchlein Herbe Beeren • Hildegard von Bingen Holunder-Rezepte • Honig • Ingwer Kleine Kräuterapotheke • Küchenkräutergarten Kürbisbüchlein • Mohn • Multitalent Zwiebel Mythos Ginkgo (auch engl.) Neues Katzenbüchlein • Noch mehr Essen von der Wiese • Powerfood • Quinoa • Salbei Salz • Sanddorn-Rezepte • Tomatenbüchlein Vegane Küche • Weizengras, Sprossen & Co.

Essen & Trinken

Alles gewickelt & gerollt • Backen & Naschen Bento – Genuss „to go" • Berlin kulinarisch Brot backen • Die Küche der 100-Jährigen Dinkelgebäck • Essen wie im Mittelalter Filinchen • Fingerfood • Fisch-Kochbuch Gewürze • Grillen exotisch • Kaffeevergnügen Kochbüchlein Schweiz • Lauter scharfe Sachen

Marmelade & Gelee • Mecklenburg-Vorpommern kulinarisch • Milch-Büchlein
Muslimische Feste und Gerichte • Paleo
Pasta vegetarisch • Sachsen kulinarisch
Sachsen-Anhalt kulinarisch • Schlemmerbüchlein
Schwarzbier • Senfbüchlein • Smoothies
Süße Sünde: Schokolade • Süße Verführung
Süßes im Advent • Teegenuss
Thüringen kulinarisch • Trendgebäck
Weihnachten. Bräuche & Rezepte • Whisky

Literarisches

Das kleine Bach-Büchlein • Die Geheimnisse der Familie Bach • Wilhelm Busch
Die Minibibliothek (Bibliografie)
Erzgebirgisches Weihnachtsbüchlein
Fange jetzt zu leben an • Faust-Zitate • Frauen
Frauen der Reformation • Frauen-Weisheit
Paul Gerhardt • Goethe-Zitate • Große Sachsen
Gut beraten, froh gestimmt • Gute-Laune-Büchlein • HairAffair! • Heldenjungfrauen
Ich hab dich so lieb • Kinder sind die besten Philosophen • Liebe Mama ... • Liebe Oma ...
Lieber Opa ... • Lieber Papa ... • Martin Luther
Märchenkönig Ludwig II. (auch engl.)
Karl May • Mein Leipzig. Geliebtes Weltdorf
Wolfgang A. Mozart • Musenkuss – Richard Wagner • Nietzsche-Zitate
Nur mit dem Herzen... (Saint Exupéry)
Philosophinnen-Sprüche • Sandmännchen
Schiller-Zitate • Clara & Robert Schumann
Shakespeare für Verliebte • Theodor Storm

Thomaner-Büchlein • Wahrsagen à la Lenormand • Weisheiten aus dem Fernen Osten • Weisheiten der Welt Wunderkinder • Heinrich Zille

Stadt & Land

Auf der Saale-Unstrut-Weinstraße
Berlin für die Westentasche (auch engl.)
Böhmisches Dorf in Berlin
Burgen und Schlösser im Erzgebirge
Chemnitz für die Westentasche
Dresden für die Westentasche
Görlitz für die Westentasche
Halle für die Westentasche • Herrnhut
Im Spreewald unterwegs
Kösener Spielzeug • Leipzig
Lutherstadt Wittenberg
Magdeburg für die Westentasche
Musikalischer Stadtrundgang durch Leipzig
Naumburg • Potsdam für die Westentasche
Parks & Gärten in Sachsen-Anhalt
Schwerin für die Westentasche
Weimar für die Westentasche

BuchVerlag für die Frau
Gerichtsweg 28 · 04103 Leipzig
www.buchverlag-fuer-die-frau.de
info@buchverlag-fuer-die-frau.de